Ds Totemügerli

Es bärndütsches Gschichtli vom Franz Hohler

Illustriert vom Patrick Huber

ZYTGLOGGE

Die Bilder im Kopf

Wie oft bin ich seit der Entstehung meines «bärndütsche Gschichtlis» schon gefragt worden, wie denn ein «Totemügerli» aussehe, was ein «Blindeli» sei und wie man sich «Schöppelimunggi u Houderebäseler» vorstellen solle. Und wie oft musste ich die Fragenden enttäuschen, wenn ich sagte, ich wisse es selber nicht.

Meine Absicht war es, mit den Mundart-Gotthelf-Hörspielen im Hinterkopf eine Geschichte mit möglichst vielen archaischen Ausdrücken zu schreiben, im «bluemete Trögli» nach einer Art Urberndeutsch zu graben. Ich setzte mich zu diesem Zweck hinter ein berndeutsches Wörterbuch und begann entsprechende Wörter herauszuschreiben, aber spätestens beim Buchstaben «B» dachte ich, das hört ja nicht auf, das kann ich geradeso gut selber schreiben, und begann berndeutsche Ausdrücke zu erfinden. So entstand eine Geschichte, der man zwar folgen kann, ohne sie aber wirklich zu verstehen. Sie überlässt der eigenen Einbildungskraft die Hauptverantwortung für die Interpretation.

Einmal machte ich in den 1970er-Jahren in der Kindersendung «Spielhaus» des Schweizer Fernsehens einen Wettbewerb. Ich erzählte die ganze Geschichte, und die Kinder konnten Zeichnungen mit Bildern der Figuren aus der gruseligen Sage einsenden. Es trafen

Wäschekörbe voller Zeichnungen ein, über 17 000 Kinder hatten zu den Farbstiften gegriffen, um ihre Vorstellungen auszudrücken. Ich war überwältigt. Natürlich gab es Ähnlichkeiten, aber letztlich schauten mich Tausende verschiedener Wesen an, ein fröhlicher Triumphzug der Fantasie.

Einmal, nachdem ich die Geschichte bei einer Versammlung von Blinden vorgetragen hatte, sagte mir ein Zuhörer, wenn seine Frau mit ihm schimpfe, sage er zu ihr, er sei halt nur ihr «Blindeli».

Als ich die Geschichte im Schweizer Club in Ohio erzählte, gestand mir danach eine Bernerin, sie wohne schon seit über 30 Jahren in Amerika, «und i ha gwüss nümm aus verstange».

Wie sehr sich die Akteure der Geschichte verselbständigt hatten, wurde mir klar, als ich in einer Käsehandlung einen Käse namens «Houderebäseler» sah. Der Käser war erstaunt, als ich ihn anrief und ihn darauf aufmerksam machte, dass die Namensgebung von mir stammte. Ich verlangte dann als Honorar einen Laib «Houderebäseler». Ein schönes Gefühl, wenn man von seinen erfundenen Kreaturen ernährt wird.

Nimmt es uns also etwas weg, wenn wir uns nun eine Illustration anschauen? Nein, denn wer die Geschichte kennt, hat sich schon lang ein Bild der Figuren gemacht und wird diese mit Vergnügen mit denjenigen von Patrick Huber vergleichen.

Und wenn die Abweichungen zu gross sind, spricht nichts dagegen, sich sozusagen aus Protest selbst einen Zeichenblock zu holen und wie die Kinder seine eigene Version zu Papier zu bringen. Auch dann, oder gerade dann hätte die Arbeit des jungen Künstlers ihren Zweck erfüllt.

Ihre Vision dürfen Sie mir gerne schicken. Ich wohne im Schattegibeleggtäli. Aber erwarten Sie keine Antwort, der Briefkasten wird nur bei Vollmond um Mitternacht geleert. Von einem Totemügerli.

Franz Hohler, November 2021

Gäuit, wemer da grad eso schön binanger sitze,
hani däicht, chönntech vilicht es bärndütsches
Gschichtli erzelle. Es isch zwar es bsungers uganteligs
Gschichtli, wo aber no gar nid eso lang im Mittlere
Schattegibeleggtäli passiert isch.

Der Schöppelimunggi u der Houderebäseler si einischt schpät am Abe,
wo scho dr Schibützu dürs Gochlimoos pfoderet het, über s Batzmättere
Heigisch im Erpfetli zueglüffe u hei nang na gschtigelet u gschigöggelet,
das me z Gotts Bäri hätt chönne meine, si sige nanger scheich

«Drby wärsch froh, hättsch en einzige nuesige Schiggeler uf em Lugipfupf!»

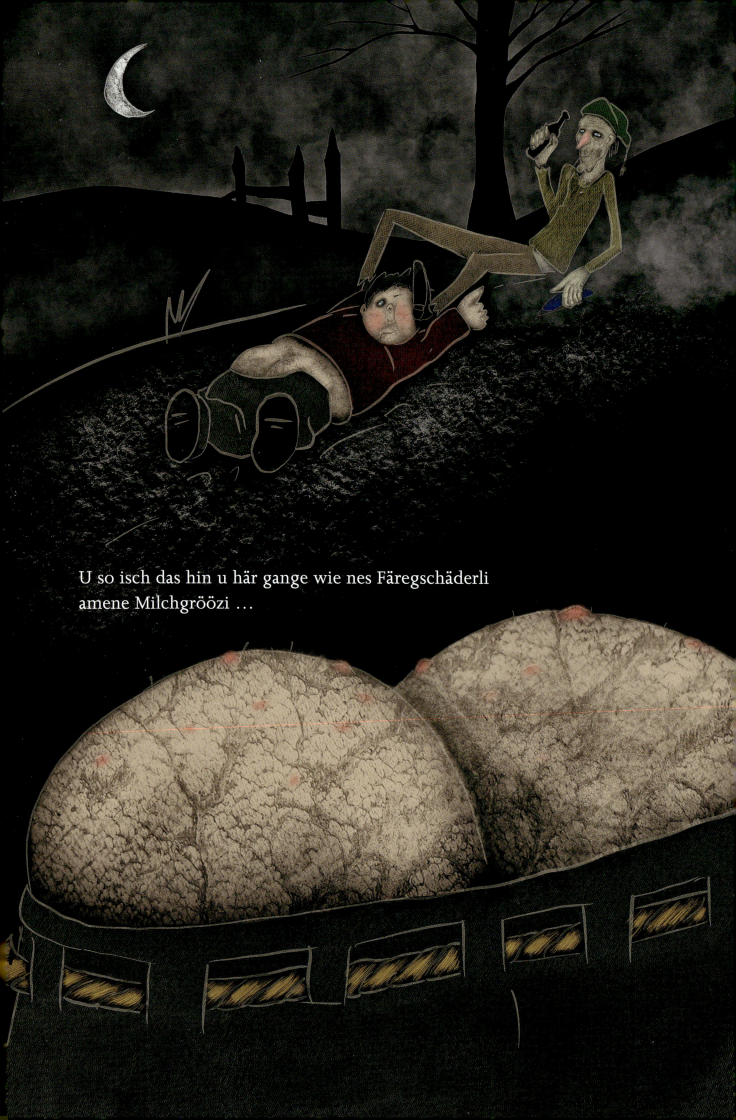

… da seit plötzlech Houderebäseler zu Schöppelimunggi:

«Schtill!

Was ziberlet dert näbem Tobelöhli z grachtige n uuf u aab?»

Schöppelimunggi het gschläfzet wie ne Gitzeler
u hets du o gseh.
                    Es Totemügerli!

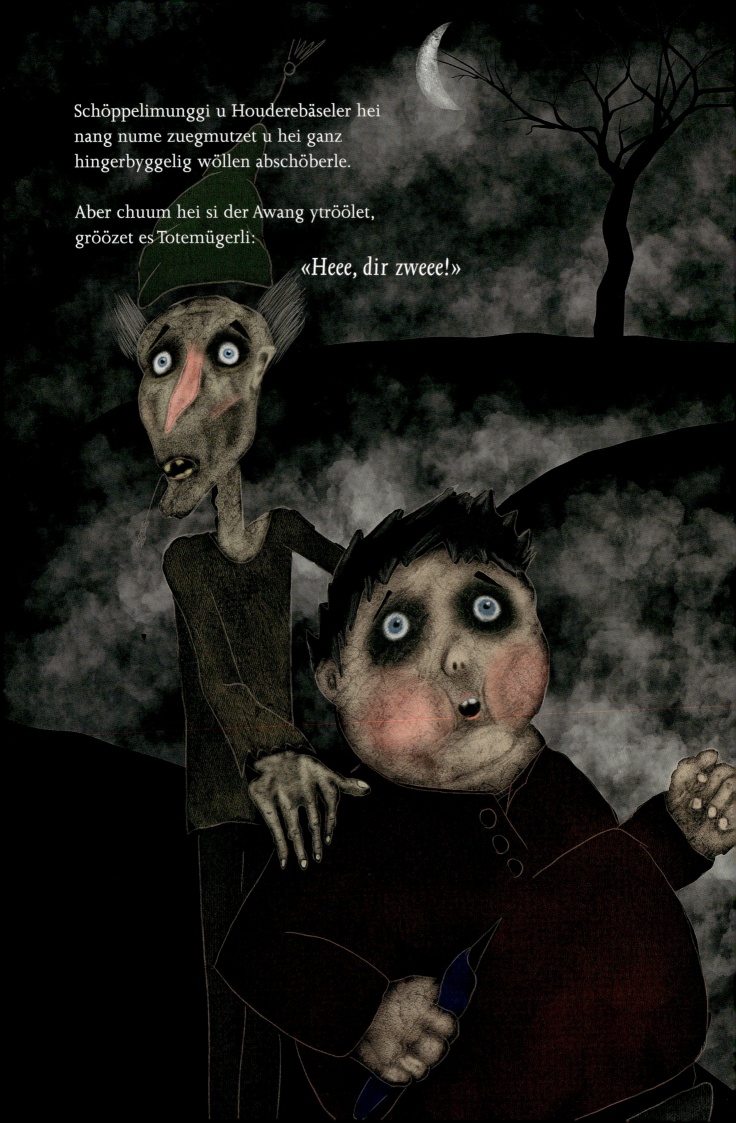

Schöppelimunggi u Houderebäseler hei nang nume zuegmutzet u hei ganz hingerbyggelig wöllen abschöberle.

Aber chuum hei si der Awang ytröölet, gröözet es Totemügerli:

«Heee, dir zweee!»

Äs het se zersch es Rüngli chyblig u gschiferlig aagnöttelet
u het se de möögglige gfraget:

Wo der Schöppelimunggi das Wort «Blindeli» ghört het,
het em fasch wölle ds Härzgätterli zum Hosegschingg uspföderle,
aber der Houderebäseler het em zueggaschplet:

«Du weisch doch, das men imene Totemügerli nid darf nei säge!»

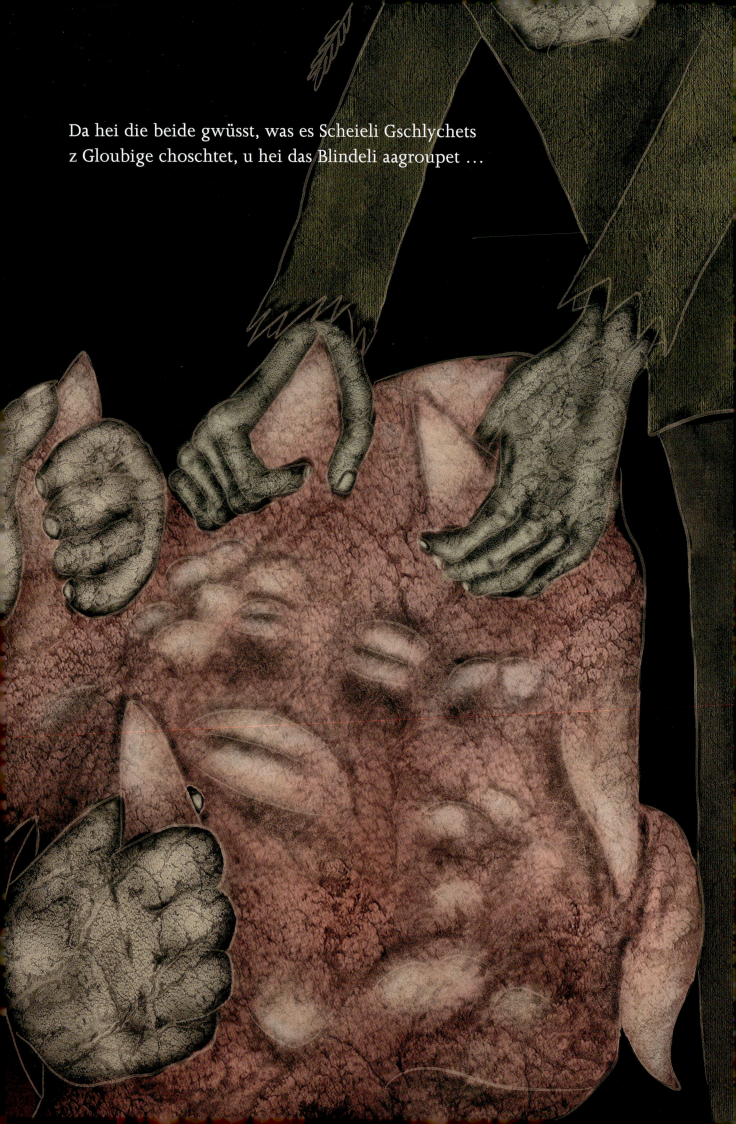

… der eint am Schörpfu, der anger a de Gängeretalpli.
Uuuh, isch das es botterepfloorigi Schtrüpfete gsi!

Die zwee hei gschwouderet u ghetzpacheret,
das si z näbis meh gwüsst hei, wo se der
Gürchu zwurglet.

Daa, z eis Dapf, wo si scho halber der
Schtotzgrotzen uecheghaschpaaperet si,
faht sech das Blindeli afah ziirgge u bäärgglet
mit schychem Schtimmli:

«Ooh, wie buuchet mi der Glutz!»

«Ooh, wie buuchet mi der Glutz!»

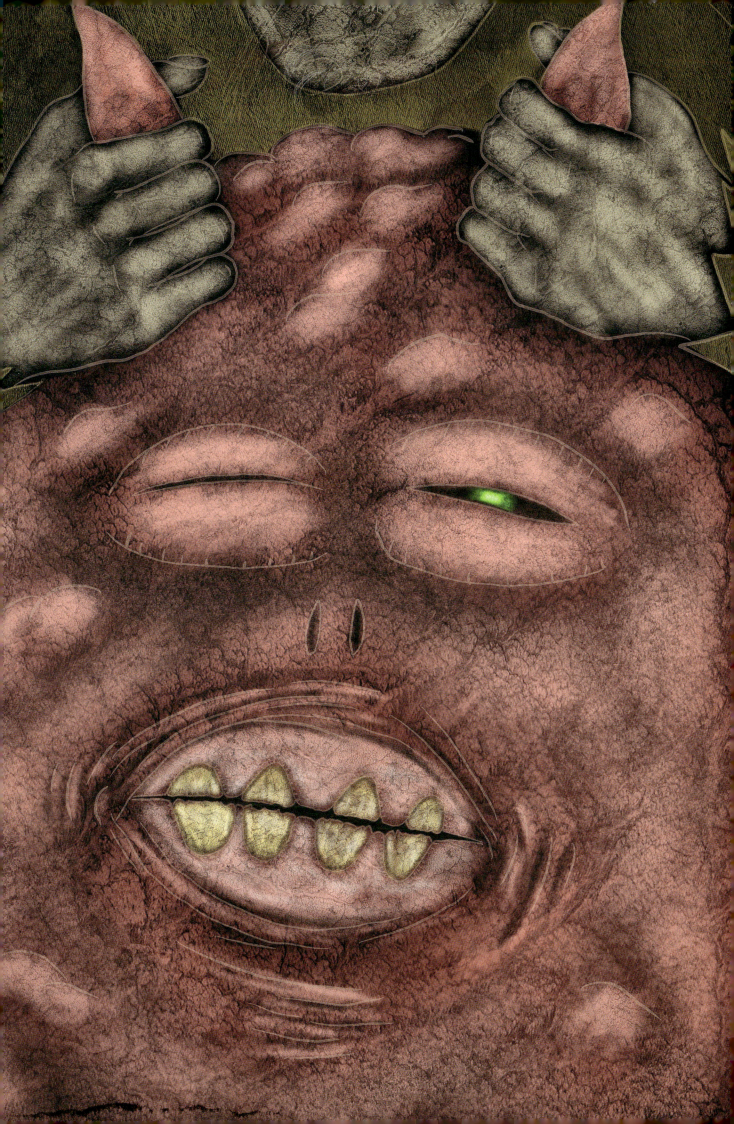

Jetz hets aber im Schöppelimunggi böös im Schyssächerli gguugget.

Är het das Blindeli la glootsche u isch der Schtotzgrotz abdotzeret, wie wenn em der Hurligwaagg mit em Flarzyse der Schtirps vermöcklet hätt.

«Häb düre, Münggu!» …

... het em der Houderebäseler no naagräätschet,
u de het er nüt meh gwüsst.

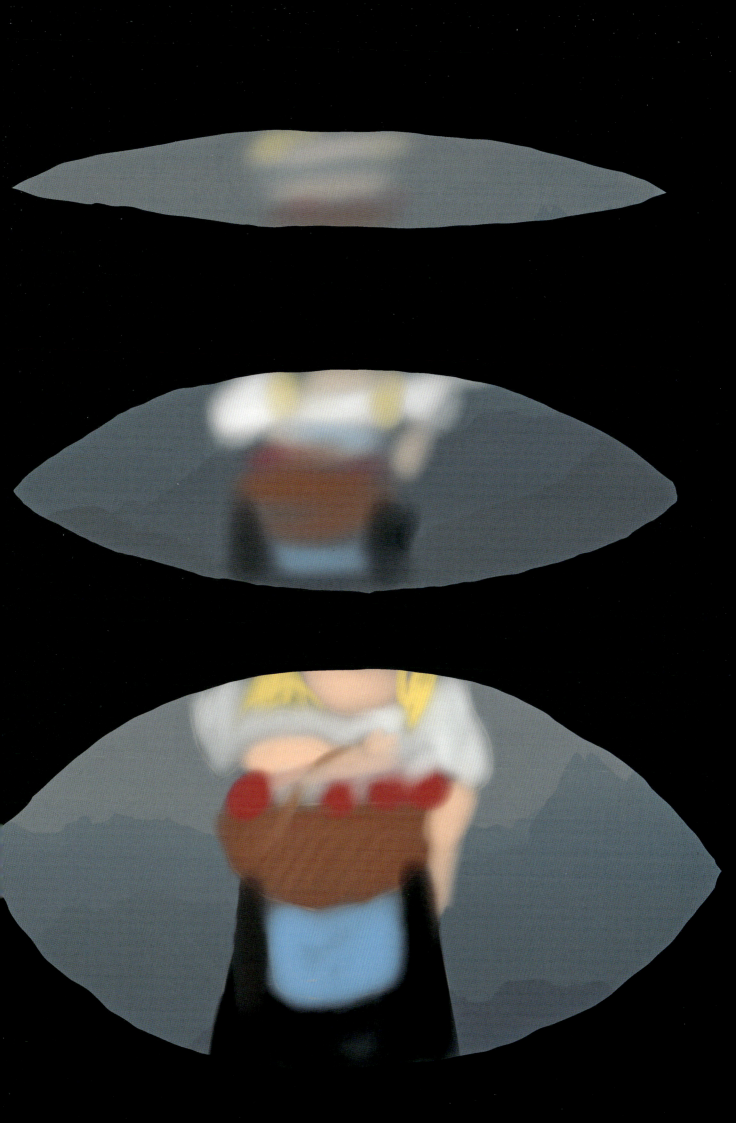

Am angere Morge het ne ds Schtötzgrötzeler Eisi gfunge,
chäfu u tunggig wien en Öiu …

… u es isch meh weder e Monet gange, bis er wider het chönne s Gräppli im Hotschmägeli bleike.

Totemügerli u Blindeli het er keis meh gseh sis Läbe lang,
aber o der Schöppelimunggi isch yo da a verschwunde gsi.

S git Lüt, wo säge, dass sider am Schtotzgrotzen
es Totemügerli meh desumeschirggelet.

Dank

I bedanke mi ganz härzlech bi aune, wo mi unterstützt hei bi dere Arbeit:
mire Mentorin, ar Eva Rust vor SFGB-B, mim Grossunkle, am Sam
B. Hunziker, am Tim Stoffel und am Reverend Beat-Man.
Es grosses Dankeschön am Zytglogge Verlag und am Franz Hohler
für di Zämearbeit.

Patrick Huber

Bonus für Gwungernase:
«Ds Totemügerli» verzellt vom Tim Stoffel

Die vierzig Illustrationen sind im Rahmen der Vertiefungsarbeit im Vorkurs «Kunst und Design» an der Schule für Gestaltung Bern und Biel entstanden.

Der Illustrator, der Autor und der Verlag danken herzlich für die Unterstützung:

   Burgerliche Gesellschaft zu Kaufleuten Bern

Der Zytglogge Verlag wird vom Bundesamt für Kultur mit einem Strukturbeitrag für die Jahre 2021–2024 unterstützt.

2. Auflage 2022

© 2022 Zytglogge Verlag, Schwabe Verlagsgruppe AG, Basel
Alle Rechte vorbehalten
Text: Franz Hohler, aus «Wegwerfgeschichten» (978-3-7296-0545-9)
Illustrationen: Patrick Huber
Projektbetreuung: Angelia Schwaller
Korrektorat: Jakob Salzmann
Satz: Andreas Färber, mittelstadt 21
Druck: Finidr, Tschechische Republik
ISBN: 978-3-7296-5083-1

www.zytglogge.ch